写真でみる我が家の耐震診断

西口 功
Nishiguchi Isao

木造住宅の(1981年5月以前)補強ポイント

青山ライフ出版

はじめに

　２０１６年（平成２８年）４月１４日に発生した熊本地震は最も大きい震度７を観測する地震が夜１回、翌未明にも震度７が発生しました。その後最大震度６強の地震が２回、６弱の地震が３回発生しています。これを受けて全国で地震や震災等への防災対策が一段と高まっています。家屋の倒壊や大破は人命に危険をともなうことが多いと思います。

　木造住宅は、耐震診断を受けての対策が必要です。耐震補強工事を行うなど、近い将来起こりうるであろう巨大地震に備えておく必要があります。

　本書に記載している耐震診断は昭和５６年５月３１日（１９８１年）以前に着工した木造住宅を対象にしています。「震度６弱」で診断を行うのですが、建物の半壊、全壊の恐れがある評価点がほとんどです。

　木造住宅においては新耐震設計基準が抜本的に見直され耐震基準が大幅に改正され、壁量規定の見直しが行われました。構造用合板やせっこうボード等の面材を張った壁などが追加されました。床面積あたりの必要壁長さや軸組の種類・倍率が改定されました。

　今回の熊本地震は慶長地震によく似ているといわれます。「東海地震」・「東南海地震」・「南海地震」の地震３兄弟は９０年から１５０年ほどの間隔で起きていて甚大な被害をもたらしています。このことから今世紀前半までには必ず起こりそうだと言われています。

　地震は自然現象のため、いつ、どこで、どの程度のものが起こるかという正確な予知が不可能であります。

　本書が地震の恐怖を恐れることなく、「安心」「安全」な日々を過ごすための、皆さまの参考になれば幸せです。

元愛知県木造住宅耐震診断員
西口　功

目　次

はじめに 3

序　章　住の注意事項 5

　　　　地震災害事例 7

第１章　床下 10

第２章　１階：天井裏 51

第３章　小屋裏 59

第４章　内部 102

第５章　外部：巾木 114

第６章　外部 121

第７章　外周り 130

参考図 133

資　料 136

おわりに 141

序章 住の注意事項

１．地盤の調査

地形の形状、地盤の種類、平坦地、丘陵地、埋め立て地、土砂災害、風水害、液状化の危険度。

２．周囲の道路

生活道路の確保、消防自動車、救急車、大型車が通行できるか。

３．地域の環境

日照時間や騒音対策、敷地の高低差、南垂れ地、高低差の有無。

４．近隣の調査・環境の調査

近隣住人とのトラブルは避けたいところですが、駐車、騒音、悪臭、ゴミの家、反社会的集団等のリスクがあります。状況によってはせっかく手に入れた自宅を手放すことになりかねません。

入居後、隣に転居してくる場合もあり難しいことではあります。

５．周辺の地形

高級住宅地は高台に位置し、地盤は良好です。しかし、高台の場合、周辺道路は坂道であったりします。この場合、車庫は道路際にあり、門から玄関まで石段を上る住宅が少なくありません。荷物を持って上るのは、若い時は苦になりませんが、シニア世代には大変になってきます。

対策としてエレヴェーターや階段昇降機の設置があります。

耐震診断の問診票

着工時期

＊昭和５６年５月（１９８１年５月）以前に着工した木造住宅です。（プレハブ、ツーバイフォー工法は除く）着工時が、わからない時は、固定資産税、都市計画税の課税明細書等で確認してください。

災害の遭遇履歴

＊今までに台風や大地震、火災、床下浸水、床上浸水、斜面崩壊等大きな災害に遭遇されたことがあるかないか。

液状化の恐れ

＊土地は予想される液状化の危険度はかなり低い。液状化が発生する面積はほとんどない。川沿いの地盤の低い方面を中心に広い範囲で液状化の起きる恐れがあります。

基礎

＊基礎は無筋コンクリート、鉄筋コンクリートの布基礎または鉄筋コンクリートのベタ基礎、杭基礎です。

増築・リフォーム

＊増築はしてはいない。増築やリフォームの工事は適時工事をしています。増築時は建築確認など必要な手続きをしています。

吹き抜け

＊１辺の長さが４メートル以上の大きな吹き抜けはあるか。

建物の形状・外壁の位置

＊建物の１階の平面形状は長方形であるか。またはＬ字形、Ｔ字形か。
１階外壁の東西南北の周囲どの面にも壁がありバランスがとれている。
１階と２階の壁面は上下、同じ位置に壁があるか。２階外壁の直下には１階の内壁または外壁があるか。

外壁・内壁

＊外壁・内壁は土壁ではなく比較的軽い材料を使用している。

屋根材

＊屋根材は日本瓦（葺き土）・洋瓦など比較的重いものが使われていないか。重い材料は避けるのが望ましい。比較的軽い屋根材として、スレート・シングル葺き・鉄板・銅板・金属板葺き等がある。

（日本建築防災協会）

地震災害事例

熊本地震

平成 28 年（2016）4 月 14 日

（提供：キロクマ！）

地震災害事例

東日本大震災

平成23年（2011）3月11日

地震災害事例

阪神・淡路大震災

平成7年（1995）1月17日

（提供：神戸市）

第1章 床下

1．液状化危険度の対策、軟弱地盤の対策

杭基礎：固い支持地盤まで届く杭を打つ。

地盤改良：セメント系、石灰系等の固形材を混ぜ合わせて固めて改良する。

2．基礎の種類

杭基礎

地盤が弱い場合、杭基礎を適用し、固い地盤まで杭を打ちます。

べた基礎

布基礎の底面全体を鉄筋コンクリートの盤にするものです。

軟弱地盤の場合は不同沈下が発生します。

布基礎

一般的な基礎です、逆T字形鉄筋コンクリートのことです。

天端にアンカーボールトを埋め込み土台と緊結します。

3．防腐・防蟻対策

木材は腐りやすく、シロアリ被害が発生することがあります。浴室や台所廻りの水気、湿気等の多いところは換気、通気等に特に注意が必要です。

4．防湿対策・断熱材

床下の土間を地ならしして防湿シート（T≒0.15mm）を敷き、その上に防湿コンクリート（T≒50〜60mm）を打設する。

1階の床下の根太の間に断熱材（T≒50mm）を敷き詰めます。和室の畳の下の部分にも挿入します。

床下 偽装注意　　　　　　　　　　　　　床下

補強金物は根拠がないと思われます。
布基礎の一部にコールタール様のものが塗布してあります。
土間の既設防湿コンクリートの上に石灰石らしきものが敷いてあります。

床下 偽装注意

無駄な補強金物が所々に見受けられますが強度的には意味がなく不要です。換気扇も設置してあるのが見受けられます。

床下 偽装注意

根がらみが見受けられません。
畳下板に杉バラ板(T=15)を使用しています。
補強金物が所々に見受けられます。

＊根がらみ（貫）床下の束が倒れるのを防ぐために入れる部材のこと。

床下 偽装注意

根太(ねだ)に直接サポートが取り付けてありますが、1か所だけでは意味がありません。

＊根太(ねだ) 床板(ゆかいた)が受けた荷重を大引に伝える部材。
＊束石(つかいし) 床束の下に設ける石やコンクリートの部材のこと。
＊床束(ゆかづか) 床を支えるための束。束石の上に立て、大引きを支える。

床下

束石は玉石を使用しています。
畳下板に耐水ベニヤ板（T=12㎜）を使用しています。

床下

束石は玉石を使用しています。
畳下板は杉のバラ板 (T=15㎜) です。

床下

床下

根がらみが見受けられません。大引きが束石と番線で緊結されています。
畳下板に耐水ベニヤ板（T=12㎜）を使用しています。

床下の大引きに割れがあります。土間に石灰石が敷いてあります。

＊大引き　床束と束石に支えられ、端は土台に止められる。1階床の根太を支える部材。

17

床下

束石は玉石を使用しています。
畳下板に耐水ベニヤ板(T=12㎜)を使用しています。

床下

根がらみが見受けられません。束石にコンクリートブロックが使用してあり、ブロックの穴にはコンクリートが詰めてあります。

設備、追加工事等により人道孔として布基礎の一部が削り取られています。

床下

土間に石灰石が敷いてあります。
配管、配線は金具等で固定しています。

畳下板は杉のバラ板 (T=15) です。

床下

配管、配線は金具等で固定します。

リフォーム後のように見受けられます。

床下

根がらみが見受けられません。
畳下板が杉板(T=15)のバラ板です。

畳下板に耐水ベニヤ板(T=12㎜)を使用しています。

床下

土間に防湿コンクリートの上に石灰石が敷いてあります。
1階床下の根太間にグラスウールが挿入されています。

換気口が破損しています。

床下

配管、配線は金具等で固定します。
不要な配線は片付けましょう。

床下

束部分にクレオソートが塗布されています。

大引き下のパッキンが不完全です。

床下

大引きに割れが見受けられます。
畳下板に耐水ベニヤ板 (T=12㎜) を使用しています。

床下

床

下

束石は玉石を使用しています。
畳下板に耐水ベニヤ板 (T=12㎜) を使用しています。

床下

根がらみが見受けられません。
床の高さが高く広いスペースが確保できます。

床下

根がらみが見受けられません。
畳下板は杉のバラ板(T=15)です。

束石と束の接点は隙間のパッキン材が完全ではありません。

床下

根がらみが見受けられません。
畳下板は杉のバラ板 (T=15) です。

床下

根がらみが見受けられません。
畳下板に耐水ベニヤ板(T=12㎜)を使用しています。

床下

畳下板に耐水ベニヤ板(T=12㎜)を使用しています。

配管、配線は金具等で固定します。

床下

束石にコンクリート片が使用してあります。残土の地ならしが悪く増築時のリフォーム跡のように見受けられます。

束石のコンクリートが不安定です。
足固め用根がらみがありません。

床下

束石にコンクリートブロックが使用してあり、穴は詰めてあります。
根がらみが見受けられません。

床下

リフォーム後の跡のように見受けられます。

配管、配線は金具等で固定します。

床下

畳下板に耐水ベニヤ板（T=12㎜）を使用しています。

床下

根がらみが見受けられません。
配管、配線は固定金具等を使用します。

畳下板は杉のバラ板(T=15)です。

床下

畳下板は杉のバラ板(T=15)です。

既設のボイラー室、現在は使用されていません。

床下

根がらみが見受けられません。
下地板に耐水ベニヤ板（T=12㎜）を使用しています。

床下

束石は玉石を使用しています。
畳下板に耐水ベニヤ板 (T=12㎜) を使用しています。

床下

束石は玉石を使用しています。
畳下板は杉のバラ板 (T=15) です。

床下

根がらみが見受けられません。
束石にコンクリートブロックが使用してあり、穴は詰めてあります。

床下

畳下板に耐水ベニヤ板（T=12㎜）を使用しています。

床下

換気口部分に換気扇が設置してあります。

畳下板は杉のバラ板 (T=15) です。

床下

配管、配線は金物等で固定します。

畳下板に耐水ベニヤ板（T=12㎜）を使用しています。

床下

根がらみが見受けられません。
畳下板は杉のバラ板 (T=15) です。

床下収納庫になっています。

床下

配管廻りの穴ふさぎは確実にすることが必要です。
穴があるとネズミ、ゴキブリ、シロアリ、害虫が侵入します。

床下

土間に防湿コンクリートがあります。
床下に石灰岩らしき物が撒いてあります。

床下

給排水管からの漏水があると土台等が腐食し、シロアリ等発生の原因になります。

床下

根がらみがありません。
建築資材が中古品の再利用です。施工程度も雑です。

束石にコンクリートブロックが使用してあります。

第2章 １階：天井裏

断熱材

屋根断熱

屋根裏空間、ロフトなどを室内環境に近い空間として利用できる、スペースが上に広がるのでゆったりした内部空間となる。

スペースが広がる分、冷暖房の対象となる気積も増えてその分コストがかかる、上下に温度差ができやすい。

断熱層の屋根通気層側に透湿防水層が必要です（繊維系断熱材の場合）

天井断熱

屋根断熱のメリット、デメリットを正反対にしたものであります。

ただし、２階建ての２階が乗っている部分の、１階天井や「屋根断熱」「外壁断熱」の場合は、天井には断熱材は入れません。ただし、平屋建て部分（下屋）の場合は「屋根断熱」又は「天井断熱」が必要です。

設備等の増設

経年と共に、TV、エアコン、パソコン、電気配線等の増設や設備工事が必要になってきます。

１階の天井裏は押入れやユニットバスなどに点検口がついていれば覗くことはできますが、入ることはまずできません。

仮に入ることができても、高さが低く、構造材等があり天井裏で移動することは不可能です。

ネズミの被害

ネズミのような動物は外敵から身を守るため、「エサを確保しやすい環境」「子育てしやすい環境」「外敵から襲われにくい点」を見つけるため、家の天井裏は格好のねぐらとなります。

ネズミは、垂直の壁でも登れますし、断熱材の間でも入ってきます。ネズミの歯は鋭く、構造材やケーブル等がかじられる被害が起こります。

１階：天井裏

既設部と増築部の取り合い部です。
電線は金具等で固定してください。

1階：天井裏

既設部と増築部の取り合い部です。

1階：天井裏

兼用住宅のため、増改築を繰り返しています。

既設部と増築部の取り合い部です。

1階：天井裏

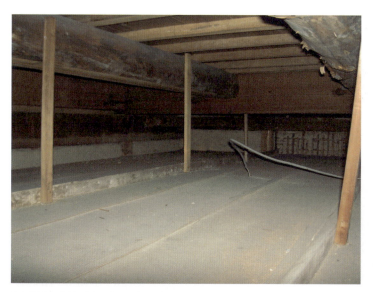

既設部と増築部の取り合い部です。

1階和室の天井裏です。

1階：天井裏

既設部と増築部の取り合い部です。

既設部と増築部の取り合い部です。

1階：天井裏

天井のリフォーム工事で既設の天井はそのままにしてあるため、二重天井になっています。

既設部と増築部の取り合い部です。

1階：天井裏

既設部と増築部の取り合い部です。

大梁もかなり老朽化していますが、その下に補強用の鉄骨ラチス梁があります。

第3章 小屋裏

小屋裏のロフト

　小屋裏（屋根裏、天井裏とも言う）は軒桁から屋根の下になる部分で、野地板と天井に囲まれた半室内空間です。

　通常、小屋裏は人の使う空間としては想定されていない。そのため荒（粗）のママとするのが普通である。しかし、小屋裏を収納場所として使ったり、ロフトとして使ったりする例が増えています。

　小屋裏には、点検口を設けて最低限の出入りが可能なようにする必要があります。多くは押し入れの天袋の天井面に設置します。

規制法

　小屋裏に小屋裏収納やロフトなどの空間を設ける場合は、空間の高さが1.4m以下で、下階の床面積の1/2未満、および固定階段を設けない等の条件をクリアすれば、床面積および階数には算入されません。

　小屋裏物置等に取り付けて、使用するはしご等は固定式（可とする地域も有る）のものは使用しないこと（収納式のはしごは可）となっています。しかし、はしごで大きい荷物や重い荷物を持って上がるのは大変です。

利用方法

　日本の住宅では昔から物置のスペースとして使われ、薄暗い空間をイメージさせるが、現代建築などは窓から光を取り入れ、書斎や子供部屋として使用されることもある。水平の天井を張らずに小屋組みまで吹き抜けにし、上部に空間を設けたもの（ロフト等）も屋根裏の一種となる。

　なかでも人が活用するスペースとしての屋根裏のことを屋根裏部屋（ロフト）という。

暑さ・熱気・換気対策

　小屋裏は熱気がこもりやすいので屋根面、外壁面には高断熱材を貼る。通風をはかり、換気扇などを取り付けるほうがよい。

小屋裏　偽装注意

チエーンを使って緊結してあります。
補強金物も取り付けてあります。

小屋裏 偽装注意

L型金物が2か所見受けられますが、あまり効果はありません。

小屋裏　偽装注意

屋根の母屋と垂木がL型金物で固定してあります。

＊垂木（たるき）　屋根を構成する野地板を支える斜めの細木のこと。
　　　　母屋の上に置き、屋根の流れに沿って、棟木から軒桁までをつなぐ部材。

小屋裏

天井裏にグラスウールが挿入されています。雲筋交いがあります。

閑静な住宅地で、緑地帯も多いためでしょうか。屋根裏にスズメバチが大きな巣を作りました。

＊雲筋交い　小屋束が倒れないように小屋裏の小屋束に斜めに打ち付ける筋交いのこと。

小屋裏

経過年数から見ても健全だと思われます。

台風被害により、屋根瓦の葺き土が落下して天井裏に土ボコリが溜まっています。天井が落下する恐れがあります。

小屋裏

屋根は切妻造りです。

＊切妻造(きりつまづくり)　本を伏せたような三角形、山形の形状をした屋根のこと。

小屋裏

屋根は切妻造りです。
野地板は杉板材です。

＊野地板　ストレートや瓦など屋根材の下地材のこと。

小屋裏

屋根は切妻造りです。
野地板は杉板材です。

小屋裏

増築時の新・旧の小屋組があります。

屋根は切妻造りです。

小屋裏

増築時の新・旧の小屋組があります。

増築時の新・旧の小屋組の接合部です。

小屋裏

屋根は入母屋造りです。

野地板は杉板材です。

＊入母屋造　上部は切妻造、下部は寄棟造（前後左右四方向へ勾配をもつ）屋根。

小屋裏

増築時の新・旧の小屋組があります。

小屋裏

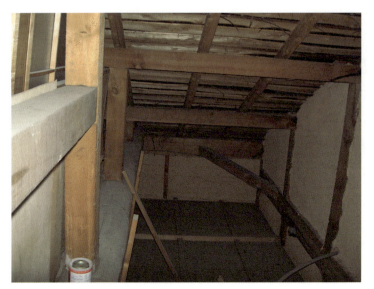

屋根は切妻造りです。

野地板は杉板材です。

小屋裏

天井裏にグラスウールが敷き詰めてあります。

外壁妻壁の返し塗りも丁寧に塗ってあります。

小屋裏

野地板は杉板材です。

小屋裏

小屋裏

野地板は杉板材です。

小屋裏

屋根は切妻造りです。

屋根は入母屋造りです。

小屋裏

外壁内に断熱材が入っています。

小屋裏

神札が残っています。

外壁内に断熱材、天井裏にグラスウールが敷き詰めてあります。

小屋裏

野地板は杉板材です。

天井裏にグラスウールが敷いてあります。

小屋裏

屋根裏面に断熱材が張ってあります。

野地板は杉板材です。

小屋裏

天井の吊り木の数量が少ないと思います。

天井裏にグラスウール（T＝50㎜）が敷き詰めてあります。

小屋裏

増築時の新・旧の小屋組みです。

小屋裏

天井吊り木は良好だと思います。

外壁妻側の土壁です。

小屋裏

屋根は切妻造りです。

隅の火打ち梁です。

＊火打ち梁　角の水平方向の変形を防ぐための斜材

小屋裏

入母屋造りですが、垂木の固定金具（くら金物）を使用しています。

屋根は切妻造りです。

＊くら金物　垂木を母屋・軒桁・棟木に取り付けるためのコ型金物。

小屋裏

屋根は切妻造りです。

土壁が一部はがれています。

小屋裏

屋根は入母屋造りです。

屋根は切妻造りです。

小屋裏

屋根は切妻造りです。野地板は杉板材です。

小屋裏

屋根葺き用の野地板に耐水ベニヤ板（T＝12㎜）を使用しています。

火打ち梁と雲筋交いです。

小屋裏

屋根は入母屋造りです。
外壁内に断熱材が見えます。

小屋裏

屋根葺き用、野地板に耐水ベニヤ板（T=12㎜）を使用しています。

小屋裏

屋根は切妻造りです。

小屋裏を、階段を利用して物置に活用しています。

小屋裏

土壁が一部はがれています。

小屋裏

平屋建てで、経過年数は古く老朽化しています。

小屋裏

経過年数は古く老朽化しています。

天井吊り木受け用の丸太が設置してあります。

小屋裏

土壁に筋交いが入っています。

火打ち梁が入っています。

小屋裏

入母屋造りの小屋組みです。

増築時の新・旧の小屋組みです。

小屋裏

火打ち梁に鉄骨のアングルを使用しています。

増築時の新・旧の小屋組みです。

小屋裏

鉄骨梁の締め付けボールトが完全に締め付けられていません。

増築時の接続用に補強アングルを使用しています。

小屋裏

受け梁として鉄骨梁の補強があります。

小屋裏

屋根はカラー鉄板瓦棒葺きです。
全体に軽い材料で構成されているので評価点は高いです。

屋根は切妻造りです。

第4章 内部

1. 木材
　木造住宅は昔から日本の風土に合った国産の木材を使うのが常識でした。現在は価格が安く、量産される外国産の木材で大半が占められています。

2. プレカット工法
　「プレカット工法」とは、木材をあらかじめプレカット工場で加工し、加工済みの木材を現場で組み立てる方法で、現在の木造住宅建築で幅広く用いられています。工期の短縮、均質な加工、コストダウン等のメリットがあり、欠陥住宅の減少にもつながります。

3. 補強金物
　新基準法で筋交いプレート金物の使用、山型プレートの使用、通し柱のホールダウン金物の使用等が義務付けされました。これにより伝統的な工法や技術等は必要がなくなりました。熟練した棟梁や大工さんが建てた木造住宅は精度が高く、100年はもつと言われたものですが、そうした仕事が徐々に少なくなっています。

4. 湿気は大敵
　通気が悪い状態が続くと、床のカーペット等にダニが発生します。そのためフローリングやクッションフロアー等に張り替えるリフォーム工事を余儀なくされることがあります。

5. 耐震リフォーム
　一般的な木造住宅の補強工事では壁を強くする工事を行います。その一つは壁の中に筋交いを入れる方法。もう一つは壁の両面に構造用合板を貼り付けること。両方を併用すれば強度が高まります。どちらの方法も壁や床、天井の一部に仕上げをはがし、補強工事後にもとに戻すことになります。

内部

外壁の鉄板に隙間があり、野鳥が侵入して2階押入れの天袋に巣を作りました。

内部

押入れ天袋の筋交いです。

押入れに角材の筋交いが入っています。

内部

雨漏れ跡があります。

壁にクラックがあります。

内部

壁にシミ跡が見受けられます。

壁にクラックがあります。

内部

壁にクラックがあります。

壁にクラックがあります。

内部

壁のタイルにクラックがあります。

内部

壁のタイルにクラックがあります。

内部

壁のタイルにクラックがあります。

内部

壁のタイルにクラックがあります。

内部

壁のタイルにクラックがあります。

内部

壁のタイルに開口部の斜めクラックがあります。

第5章　外部：巾木

基礎部分の補強

　　改正前は、木造住宅の基礎部分は無筋コンクリート造でも可でしたが、改正後は鉄筋コンクリート造でなければ不可です。

　　基礎の補強では、一般的な方法として既存のひび割れのあるコンクリート基礎に、鉄筋コンクリート造基礎を抱き合わせることによって、一体化して補強する方法です。地震の際、丈夫な基礎でなければなりません。

土台の固定

　　土台と鉄筋コンクリート造布基礎および鉄筋コンクリート造ベタ基礎との緊結については、アンカーボールトにより土台と基礎立ち上がり部とを緊結することが求められています。

　　土台は基礎に固定するものです。固定が不完全だと地震の際に接合部が外れて被害が大きくなります。接合部分には補強金物等で堅固に緊結する必要があります。

巾木

　　木材（土台）は土と接触させると腐食するため、木造住宅の土に接する部分は鉄筋コンクリートとする必要があります。

　　地上部分の立ち上がり高さは３０㎝～４０㎝以上必要です、金融公庫融資対象の建物は４０㎝以上と規定されています。ただ、床下の点検など人が入る場合はあまり低いと困ります。

床下の換気

　　以前は床下の布基礎に床下換気口を設置していましたが、最近は基礎パッキン工法が増えています。

　　基礎と土台の間に間隔を空けてＴ≒１５㎜程度のパッキン材を敷き通気が出来るようにします。

　　これにより、換気口の開口部が無くなり地震による換気口まわりのクラックが解消できると思われます。

外部：巾木

換気口に換気扇が設置されています。
基礎の耐震補強工事として、プレートが取り付けてあります。

巾木にクラックがあります。

＊巾木　床と壁の継ぎ目で、壁の最下部に取り付く水平部分

115

外部：巾木

巾木の換気口廻りにクラックがあります。

巾木にクラックがあります。

外部：巾木

巾木の換気口廻りと外壁にクラックがあります。

巾木にクラックがあります。

外部：巾木

巾木にクラックがあります。

巾木にクラックがあります。

外部：巾木

巾木にクラックがあります。

巾木にクラックがあります。

外部：巾木

巾木部分にクラックがあります。

巾木部分と犬走りにクラックがあります。

第6章 外部

屋根の野地板

　屋根下地の野地板として、以前は無垢材（杉板T≒１２～１５）が使用されていましたが、コンパネ（T＝１２）になり、現在は野地合板（構造用合板）（T≒９～１５）が主流です。地域により耐火野地合板の指定もあります。

　リフォーム工事の時、無垢材には、ほとんど腐食や痛みはないが合板材は、太陽熱等により合板の接着剤が劣化しています。

　無垢材の短所としては、屋根材の釘止め時に無垢材は１枚の幅が狭く継ぎ目に釘が入り、釘が効かない等の欠点がありましたが現在は杉無垢板の相决り、本実目透し加工品もあります。

　屋根面に太陽光発電パネル（ソーラー）や太陽熱温水器パネル等を設置する時は設置基準や安全性が重要です。

外壁材の比較表

特長＼種類	価格	種類	耐久性	耐火性	施工性
窯業系サイディング	○	◎	○	○	○
金属系サイディング	○	○	○	○	○
ALC版、吹付	△	○	◎	◎	○
タイル	×	○	◎	◎	△
モルタル塗り、吹付	○	△	△	○	△
土　壁、仕上げ	○	△	△	△	△
羽目板、塗装	○	△	△	×	○

　※ 窯業系サイディングは評価点が高く現在シエアが一番多いようです。

＊無垢材　集成材のような加工された物でなく、純粋な一つの材料でできている木材。
＊相决り　２枚の板の側面をそれぞれ半分削り、かみあわせてつなぐ方法。
＊本実　凹メス、凸オスをもって２材を結合すること。

外部

2階バルコニー、掃き出しのサッシュの立ち上がり部分から、台風や積雪時に1階に雨漏れが発生します。

同一敷地内に2棟が建っています。通路に塩ビ樹脂板の屋根があります。

外部

外壁、巾木共にクラックがあります。

外壁にクラックがあります。

外部

外壁のタイルにクラックがあります。

外壁にクラックがあります。

外部

外壁にクラックがあります。

外壁にクラックがあります。

外部

外壁にクラックがあります。

外観は老朽化が進んでいます。

外部

隣家との屋根が今にも接触しそうです。

屋根はカラー鉄板瓦棒葺きです。

外部

4軒の共同住宅兼店舗です。

4軒の共同住宅兼店舗です。

外部

2階のバルコニーが跳ね出しです。

第7章 外周り

1．スロープ・手摺

　　屋外への出入り口付近に、階段や段差が必要な時はスロープやバリアフリーが適しています。

　　必要に応じて手すりが必要です。若い時は、あまり気になりませんがシニアには階段や段差の昇り降りが苦痛になってきます、転んでケガのもとになります。

2．車庫等の経年劣化

　　以前の住宅は駐車場を1台しか確保していない家がほとんどでしたが、現在は、数台の所有者が多く駐車場を増設したり、カーポートを設置したり、または駐車場を借りることにもなります。

　　車庫内には、自転車や物置などを置き、車庫が狭くなり、車も大型化して、ワンボックスカーの屋根がつかえて使用できないこともあります。

3．屋外の排水マス

　　以前はコンクリート製マスがほとんどでしたが、現在は塩ビ樹脂製のマスが多く使われています。

　　汚水マス（トイレ）、生活用水マス（風呂、洗面、洗濯、流し等）、雨水マス等があります。マスは経年劣化します、劣化しない塩ビ樹脂製、ステンレス製、ビニール樹脂のコーティング製、陶器製等の材種であれば良いと思われます。

4．エクステリア

　　エクステリアとは住宅の門、扉、塀、物置、カーポート、フェンス等外周りの設備が含まれます。

　　地震発生時におけるブロック塀等の倒壊による被害や避難時の通行の妨げとなることを防止します。

　　ブロック塀等とは、コンクリートブロック、レンガ、大谷石の組積造の塀、その他、これらに類する塀で門柱も含みます。

外周り

敷地の周辺は傾斜地が多く、周辺道路は坂道になっています。

水漏れは配水系統の違い、排水マス、配管廻りの水漏れが想定されます。

外周り

丘陵地です。
土砂災害、落ち葉、枯れ葉対策も注意すること。

隣地との高低差が2mほどありますが、厚さ10㎝のコンクリートブロックが使用してあります。注意が必要です。

参考図

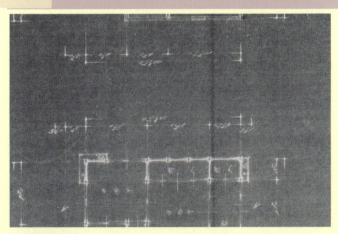

青写真（青焼図）
　トレーシングペーパーに書かれた設計原図を複写した設計図面。当時は青地に白のもので青図とも、日光写真等とも言われた。１９５５年（昭和３０年）頃、設計図面の複写用として広く使われました。

記録
　工事写真アルバムは筋交いの位置等隠れたカ所が解明されて貴重です。

矩計図（断面図）
かなばかりず

　以前は、住宅の床下は土のままでしたが、現在は防湿シート等を敷いたり、防湿コンクリート（T =50〜60㎜）を打設するなどしています。エコ対策として、１階の床下の根太の間にグラスウール等の保温材を挿入します。

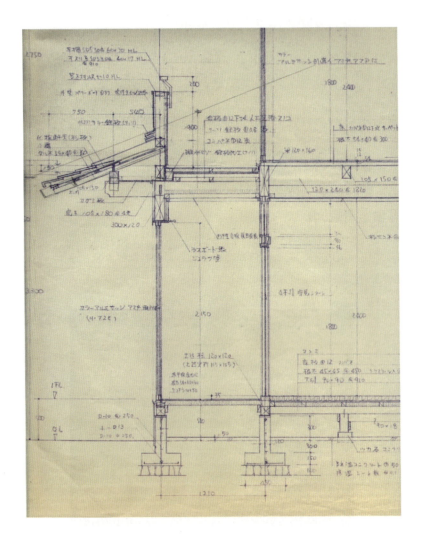

＊矩計図　建物の一部を切断して、納まり寸法等を細かく記入した断面図の詳細版です

2階増築時の外部添え柱（参考図）

　平屋建ての約半分を2階建てに増築。その際、通し柱は外部に添え柱としてボルトで緊結しているのが分ります。将来の目標や計画性が不足していたため、構造的には問題があります。

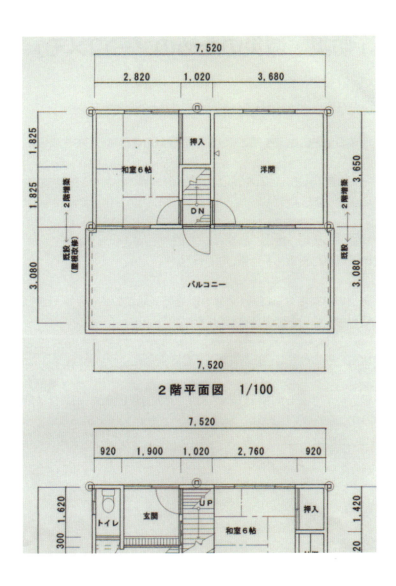

2階平面図　1/100

資料

資料-1 防災・減災のための『一口メモ』

1. 地域の被災傾向を知って、地震に備えましょう。

2. 地域の地名の由来を知って、災害危険個所を確認しておきましょう。

3. 先人の声（警鐘）に耳を傾けて、過去の地震の教訓を「防災・減災行動」に生かしましょう。

4. 地震後の大雨、洪水、高潮などによって、複合災害が起きています。地震以外の災害にも注意しましょう。

5. 現代の有益なサービス（緊急地震速報、地域のメールサービスなど）を利用して、落ち着いて行動しましょう。

6. 地震の際の危険な個所を知って、避難行動に生かしましょう。

7. 被災時には、先ずは自分の身は自分で守りましょう。被災後は地域の方々と協力しましょう。

資料-2　南海トラフ巨大地震

　南海トラフ巨大地震とは、東海、東南海、南海の三つの地震が連動する巨大地震である。日本列島の太平洋沖、南海トラフ沿いの広い震源域にマグニチュード9程度の地震が発生すると警戒されている。

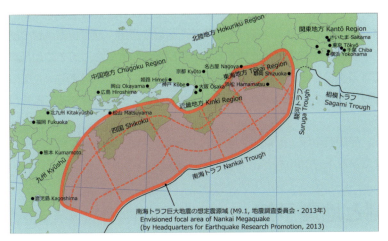

M9.1の最大規模の南海トラフ巨大地震の想定震源域
（2013年、地震調査研究推進本部 地震調査委員会　出典 wikipedia）

　この南海トラフ巨大地震による被害については超広域にわたる巨大な津波、強い揺れに伴い、西日本を中心に東日本大震災を超える甚大な人的・物的被害が発生し、我が国全体の国民生活・経済活動に極めて深刻な影響が生じるまさに国難とも言える巨大災害になるものと想定される。（中央防災会議2012年）

　2012年8月、内閣府より南海トラフ巨大地震の被害想定が公表された。最悪ケースでは、死者約32万人、負傷者約62万人、要救助者約34万人、倒壊・焼失約240万棟。最小想定でも死者約3.2万人、全壊・焼失棟数約94万棟と見込まれる。津波については、最大高34m、浸水面積は浸水深さが微弱以上で最大約1,000平方kmとされた。

資料 -3　大規模地震対策特別措置法

1978 年（昭和 53 年）の宮城沖き地震後、耐震設計法が大幅に改正された。現在の新耐震設計基準が誕生し、「大規模地震対策特別措置法」が成立しました。

（目的）

第一条　この法律は、大規模な地震による災害から国民の生命、身体、及び財産を保護するため、地震防災対策強化地域の指定、地震観測体制の整備その他地震防災体制の整備に関する事項及び地震防災応急対策その他地震防災に関する事項について特別の措置を定めることにより、地震防災対策の強化を図り、もつて社会の秩序の維持と公共の福祉の確保に資することを目的とする。

現在、静岡県全域、東京都、神奈川、山梨、長野、愛知、岐阜、三重の各県にまたがる 157 市町村が指定を受けています。

観測と地震予知

地震予知ができれば、地震発生前に必要な対策をとることができ、被害を軽減することができる。

大規模地震対策特別措置法（1978（昭和 53 年）年法律第 73 号）は特定の場所で起こるマグニチュード 8 クラスの大地震に限って、防災対策に結びつく予知ができるとの前提にたち、地震が予知された場合の応急対策を中心に定められたものであり、主な内容は次のとおりである。

1 国は地震予知を行う。

2 地震が予知されたとき、内閣総理大臣は、気象庁長官の地震予知情報の報告に基づき、警戒宣言を発する。

3 警戒宣言が発せられたときは、国、地方公共団体、公共機関、事業者、住民は、被害軽減のため必要な応急処置をとる。

4 応急処置の内容については、あらかじめ計画を立て、定めておく。

（消防防災博物館 HP より）

資料 -4　震度階級の解説表

震度	状　況	木造建物	鉄筋コンクリート	ライフライン
5弱	多くの人が身を守ろうとする。一部の人は行動に支障を感じる。	耐震性の低い住宅は壁や柱が破損することも。	耐震性の低い建物は、壁などに亀裂が生じるものも。	安全装置が作動し、ガスが遮断される家庭がある。まれに水道管の被害、停電も。
5強	恐怖を感じる。多くの人が行動に支障を感じる。	耐震性の低い住宅は壁や柱がかなり破損し、傾くものも。	耐震性の低い建物は壁などに大きな亀裂が生じ、高い建物でも壁などに亀裂が生じるものも。	家庭にガスを供給する導管、主要な水道管に被害発生。一部でガス、水道供給停止。
6弱	立っていることが困難になる。	耐震性の低い住宅は倒壊するものも。高くても壁や柱が破損するものも。	耐震性の低い建物は壁や柱が破損するものも。高くても壁や柱などに大きな亀裂が生じるものも。	ガスの導管、主要な水道管に被害発生。一部地域でガス、水道の供給が停止し、停電も。
6強	立っていることができず、這わないと動けない。	耐震性の低い建物は倒壊するものが多い。高い場合でも壁や柱はかなり破損するものがある。	耐震性の低い建物は倒壊するものがある。高くてもかなりが壁、柱が破損する。	ガスの導管、主要な水道管に被害発生。一部地域で停電。広い地域でガス、水道の供給が停止する。
7	揺れに翻弄され、自分の意志で行動できない。	耐震性の高い建物でも傾いたり、大きく破壊するものがある。	耐震性の高い建物でも傾いたり、大きく破壊するものがある。	広い地域で電気、ガス、水道の供給が停止する。

（気象庁資料より）

資料 -5　日本の地震

名　　　称	西　暦	場　　所	M（マグネチュード）	被害適用
白鳳地震	684.11.29	土佐・南海・東海・西海	M8.0〜8.3	
貞観三陸地震	869.7.13	三陸地震	M8.3〜8.6	死者約1,000人
仁和地震	887.8.26	五畿・七道	M8.0〜8.5	
永長地震	1096.12.17	畿内・東海道	M8.0〜8.5	死者1万人以上
康和地震	1099.2.22	南海道・畿内	M8.0〜8.5	死者数万人
鎌倉大地震	1293.5.27	鎌倉	M7.1	死者2万3,000人余り
正平 (康安) 地震	1361.8.3	畿内・土佐阿波	M8.0〜8.5	
明応地震	1498.9.20	東海道全般	M8.2〜8.4	
慶長伏見地震	1596.9.5	畿内	M7.0〜7.1	死者1,000人以上
慶長地震	1605.2.3	東海・南海・西海諸道	M7.9〜8.0	死者1万〜2万人
元禄地震	1703.12.31	江戸・関東諸国	M8.1	死者5,200人 (20万人とも)
宝永地震	1707.10.28	五畿・七道	M8.4〜8.7	死者2,800〜2万人以上
安政東海地震	1854.12.23	東海・東山・南海諸道	M8.4	死者2,000〜3,000人
安政南海地震	1854.12.24	畿内・東海・東山・北陸・南海・山陰・山陽道	M8.4	死者1,000〜3,000人
安政江戸地震	1855.11.11	江戸	M6.9	死者4,700〜1万1,000人
濃尾地震	1891.10.28（明治24）	岐阜県西部	M8.0	死者・行方不明者7,273人
関東大震災（大正関東地震）	1923.9.1（大正12）	神奈川県西部	M7.9	死者・行方不明者10万5,385人
昭和東南海地震	1944.12.7（昭和19）	紀伊半島沖	M7.9	死者・行方不明者1,223人
三河地震	1945.1.13（昭和20）	三河湾	M6.8	死者・行方不明者1,961人
昭和南海地震	1946.12.21（昭和21）	和歌山県沖〜四国沖	M8.0	死者・行方不明者1,443人
阪神・淡路大震災（兵庫県南部地震）	1995.1.17（平成7）	神戸・淡路島	M7.3	死者・行方不明者6,437人
東日本大震災（東北地方太平洋沖地震）	2011.3.11（平成23）	東北沖	M9.0	死者・行方不明者2万人以上
熊本地震	2016.4.14（平成28）	熊本・大分	M7.3	死者143人

＊斜字・太字は南海トラフに起因するもの。（本表は理科年表の抜粋）

おわりに

　日本の住宅は高温多湿の風土に適するように造られています。このため夏は涼しく、冬は寒い「田型・田舎間」の住宅が多く見受けられます。

　開口部が大きく障子やフスマで仕切られているため1階は特に壁量が不足しています。屋根は土居葺きの瓦屋根、壁は竹木舞組の土壁で、全体的に重い建物になっています。普通に考えると「壊れるような建物では困る」と思われます。しかし、100年に一度来るか来ないかの地震で全く壊れないほど強い建物を設計することは不経済と考えられます。よって強度と経済性のバランスをとることが求められます。

　熊本地震の被害が大きかった熊本県益城町を対象とした国交省調査によると、耐震基準を厳しくした昭和56年（1981年）以降に建てられた木造建物1,412棟の内、倒壊したのは7.7％でしたが、昭和56年（1981年）以前に旧基準で建てられた702棟では32.1％が倒壊しました。旧基準で建てられた住宅にお住まいの方は特に注意が必要です。

　一般的な住宅の耐震改修費は100万円～150万円程度、半額以上が公費負担となります。地域差はあります。

　＊私の所には地震は来ない！とか、

　＊耐震診断なんて面倒くさい！

　＊耐震改修費がない！

と言う人が多いのですが、外周りの補強工事や局所的なシェルター等、予算に応じた方法はいろいろありますから一度検討してみることです。

　地震が発生したとき、被害を最小限におさえるには、一人ひとりがあわてずに適切な行動をすることが極めて重要です。

　そのためには皆さんが地震について関心を持ち、いざというときに落ち着いて行動できるよう日頃から地震の際の正しい心構えを身に着けておくことが大切です。

　阪神・淡路大震災では、亡くなられた方の約84％が家屋の倒壊、家具の下敷きによる圧死でした。

「住宅の耐震化」と「家具の固定」が重要です！

2016年12月

西口　功

memo

著者略歴

1941年 三重県生まれ

通信教育 日本建築大学 卒業

1級建築士

1級建築施工管理技士

株式会社 松村組 定年退職

元 愛知県木造住宅耐震診断員

現在 名古屋市在住

取材協力および資料提供

耐震診断住宅（居住者の皆様方）

田端建築設計事務所

参考資料

国土交通省

総務省

消防庁

名古屋市住宅都市局 耐震化支援室

日本建築学会

中日新聞

※ その他、HP 等多くの資料を参考にさせていただきました。

写真でみる 我が家の耐震診断

著　者　西口　功
発行日　2017 年 1 月 17 日
発行者　高橋範夫
発行所　青山ライフ出版株式会社
　　　　〒 108-0014
　　　　東京都港区芝 5-13-11 第 2 二葉ビル 401
　　　　TEL：03-6683-8252
　　　　FAX：03-6683-8270
　　　　http://aoyamalife.co.jp　info@aoyamalife.co.jp

発売元　株式会社星雲社
　　　　〒 112-0005
　　　　東京都文京区水道 1-3-30
　　　　TEL：03-3868-3275
　　　　FAX：03-3868-6588

　　　　©Isao Nishiguchi 2016 Printed in Japan
　　　　ISBN978-4-434-22724-0

※本書の一部または全部を無断で複写・転載することは禁じられています。